# EL JUBILADO

## El cuento de la pensión

D.R. Lauro Leonel Lozano Hipólito
Primera edición: marzo de 2020
ISBN: 978-607-27-1287-4

Edición: Ofelia Pérez Sepulveda
Producción: Juan Carlos León Briseño
Ilustraciones de cubierta: Óscar Pinto

Para mayor información:
Teléfono: 8115353670
Correo: lozanolauro@hotmail.com
Facebook: Lauro Lozano
Instagram: @lozanolauro
Linkedin: Lauro Lozano

Impreso en México

*"Nuestra vida es tan breve como un sueño;*

*semejante a la hierba, que despunta*

*y florece en la mañana  y por la tarde*

*se marchita y se seca".*

**Salmo 90**

# Índice

# I. El Jubilado

E l 15 de noviembre del 2000 era su último día en la empresa ¡El ingeniero Baudilio se había jubilado!, una hojita de color rosa del Seguro Social lo certificaba.

Hasta hace unos días, su imponente oficina, desde donde dirigía E-Commerce Monterrey, había estado repleta de fotografías, reconocimientos y libros, pero ahora lucía caótica, con infinidad de cajas que anunciaban la retirada de aquel hombre que se convertía en una leyenda difícil de superar.

Siempre ha sido mi ejemplo a seguir. Fue mi mentor, mi maestro y quien me dio la primera oportunidad. Lo conocí cuando dio una plática de comercio electrónico en la universidad donde estudié. Su forma de hablar sobre el comercio en un futuro no muy lejano fue inspiradora. Explicó que ya no sería necesario salir de casa para comprar inimaginables productos de cualquier sitio del mundo, ya que las ventas por internet serían la nueva forma de hacer negocios, derrumbando fronteras. Y todo a través de un *portal*, una palabra que sonaba mágica, que auguraba un mundo infinito de oportunidades; una revolución electrónica estaba por cambiar el mundo, quebrando precios y eliminando distancias; el comercio como jamás lo habíamos conocido.

Su plática se titulaba "Cierren las puertas autoservicios. Cierren sus puertas". Nos habló de una empresa llamada Amazon, con la que era posible adquirir libros y discos en inglés.

Yo, que en ese entonces tenía 20 años y estudiada Ingeniería Industrial en Sistemas, soñé con ser parte de esa tecnología que había visto en caricaturas como los Supersónicos. Él era la puerta a lo que siempre había soñado. Lo esperé al final de su ponencia.

—Disculpe, soy Víctor. ¿Qué necesito para trabajar en su empresa?
—Hola. No mucho, solo ganas de aprender —me entregó su tarjeta—. Busca a mi asistente para una entrevista de trabajo.

Después de varias semanas, muchas llamadas y una gran dosis de insistencia, conseguí la tan anhelada cita. Solo tendría quince minutos para mi primera gran oportunidad laboral.

Al entrar a sus oficinas, me impresionó el correr de arriba abajo de su personal. En la primera sala, frente a la recepción donde me recibieron, había un área común donde estaban entre diez y doce escritorios, para facilitar la colaboración y también para ahorrar espacio. Nunca había visto tantas computadoras juntas.

El resto del paisaje lo completaba una pared con un gran reloj y un tablero de corcho con mensajes positivos y de optimismo, gráficas de desempeño y fotografías de los miembros del equipo con sus respectivas familias.

En otra pared había varios pizarrones con grandes diagramas y garabatos que apuntaban a cajitas y flechas que iban de derecha a izquierda en distintos colores. El equipo, una tribu de jóvenes reunidos en media luna, observaba una proyección y preparaba el siguiente plan de ataque.

Empezaron a discutir sobre alternativas, pero no entendí ni la mitad de lo que decían. Para mí, hablaban en otro idioma, pero era un idioma que yo quería aprender. Jamás en mi vida había estado tan seguro de algo, yo quería ser parte de esta empresa a como diera lugar. Por eso al desviar la mirada y detenerme en un letrero que había en la entrada, comencé a sonreír: "Favor de no alimentar a los programadores".

No parecía una oficina, era una extraña mezcla entre un salón de clases, un laboratorio y un patio de juegos, todo mundo concentrado.

Vestían casuales, camiseta tipo polo, jeans y tenis; en resumen, un ambiente del que me enamoré, se respiraba una atmósfera muy distinta a la idea que yo me había formado sobre lo que es un centro de trabajo o un laboratorio de tecnología. Nada que ver, esto más bien parecía un lugar para niños grandes.

Baudilio me recibió puntualmente. Al principio fue un poco intimidante. Me preguntaba por lenguajes de computación y paquetes que no conocía como Dreamweaver y Fireworks. Traté de desviar la conversación y que viera mi entusiasmo, era claro que no tenía ni la experiencia ni el conocimiento, lo único que me quedaba era decirle quién era yo, qué quería en mi vida, mis planes de carrera, por qué quería formar parte de su equipo. Percibí que mi juventud le generaba algo de desconfianza, a final de cuentas yo todo lo respondía con "No sé, pero aprendo rápido". Yo creo que fue más mi terquedad por pertenecer a su equipo, aunque también tuve la sensación de que le agradó mi insistencia y mi visión del futuro. Él, al igual que yo, era fanático de los Supersónicos —lo imaginé por una pequeña y vieja lonchera que tenía en un librero tras su escritorio, y lo confirmé cuando me comentó que desde joven era fan y que en parte fue por ese programa que se dedicaba a la tecnología informática—.

Lo convencí de que me pusiera a prueba y así obtuve mi primer contrato por 45 días a medio tiempo, para no descuidar la escuela.

"¡Que tiemblen los autoservicios, muchacho, el comercio electrónico está aquí, mi buen Cometín! —me dijo, haciendo alusión al personaje infantil de los Supersónicos—. Me despidió con una palmada en el hombro y no esperó a que saliera de su oficina, se fue corriendo a su siguiente reunión. Salté de alegría al salir, lo había logrado. Tenía el empleo de mis sueños.

Me enrolé en el trabajo y me integré al equipo. Después de terminado ese primer contrato, además de mucho esfuerzo, desveladas y empeño, vinieron otros dos, la compañía estaba satisfecha con mi desempeño. Para mí era un sueño, porque aún no tenía ni título universitario y ya estaba trabajando en algo que me apasionaba. En el salón de clases, mis compañeros me admiraban por conocer lo último en tecnología, saber más que mis maestros y, además de eso, ganar bastante bien para mi edad. Pero siendo honesto, yo sentía que me pagaban por jugar, porque para mí era como un centro de diversiones.

El ingeniero Baudilio siempre tuvo un saludo o una consideración con todo su equipo, lo veíamos con admiración por ser un gran líder. A mí me puso el apodo de Cometín y todos en el equipo me conocían así: "¡Cometín!, ¿cómo vas con el diseño del nuevo portal?"; "¡Cometín!, ¿cuándo terminas el código de la pantalla de alta de clientes?, vas tarde"; "¡Cometín!, pareces estudiante", —realmente lo era—.

Estaba al pendiente de mi desarrollo profesional, al igual que el de todo su equipo y nos motivaba para entregar resultados para la empresa. Recuerdo que me llamaba a su oficina para mostrarme prototipos de nuevas tecnologías o avances de la competencia.

Algo que admiraba del ingeniero era su amor a la empresa y su dedicación, tenía la camiseta bien puesta en su rol y en su trabajo. Decía que éramos una familia, que debíamos cuidarnos; siempre hizo que todos nos sintiéramos especiales.

No podía creer que ya no lo vería más, ese era su último día. Ya habían pasado dos años —para mí, toda una vida—. Estaba cursando materias de maestría para liberar el título universitario, y él, mi mentor, la primera persona que creyó en mí, laboralmente, y a quién admiré como modelo aspiracional, se jubilaba. Eso me ponía triste.

Pero a quién le cae mal la jubilación, dedicarse a disfrutar la vida, con su familia. Ya no tendría la presión de ir a trabajar, ni un horario que seguir. Ahora era libre para cosechar lo que con tanto esfuerzo había sembrado.

Y aunque en ese tiempo seguíamos comprando en supermercados, ¿qué importaba?, él dejó una semilla sembrada y tal vez en un par de años por fin cumpliría su sueño de hacer que los autoservicios cerraran sus puertas.

Al final de ese día, en su oficina, me encargó un par de pendientes que no había alcanzado a realizar sobre un proyecto. Nos dimos un apretón de manos y antes de salir me dijo: "Cometín, se me olvidaba, —me entregó una bolsa de plástico—, para que no olvides depositar tus sueños". Cuando la abrí, encontré su vieja lonchera de los Supersónicos. Era el pase de estafeta —pensé primero—, luego dudé y consideré que solo estaba descacharrizando.

En la industria de la tecnología, unas empresas abren, mientras otras quiebran, pero lo más común es que se fusionen. En esta industria no hay edad, el más rápido se lleva la mejor rebanada del pastel; aquí es imposible planear a largo plazo, los cambios y la velocidad son lo único constante.

Con el pasar del tiempo, con errores y aciertos pero, sobre todo, con muchos contactos, aprendí de esta profesión uno de los roles más complicados, la venta consultiva: es un área vital, dado que ahí es está el dinero.

En E-Commerce, después de la jubilación del ingeniero Baudilio las cosas cambiaron, dado el estilo del nuevo CEO. Yo seguí un año más, hasta que la empresa cayó en crisis y, a los seis meses, se fue a la quiebra. Yo salí al mercado laboral con más experiencia que las personas de mi edad.

No batallé para encontrar trabajo, mi historia continuó brincando de consultoría en consultoría, era una labor apasionante el diseño de páginas web y la creación de tiendas electrónicas. Cada proyecto representaba un nuevo reto, luchando entre los constantes cambios de plataformas, arquitectura, lenguajes, integraciones, nuevo modelos de negocio, nuevos competidores.

El entrar a estos temas me ayudó a relacionarme con un submundo fuera de la programación, aprendí a ofrecer y dar soluciones integrales de tecnología, así tomé mi primer proyecto como profesionista independiente, con el lanzamiento y comercialización de los *smartphones* y las tabletas. Pasé del desarrollo de páginas web al diseño y construcción de *APPs*, lo que me permitió abrir mi propia empresa.

Varios conocidos me ofrecieron proyectos sabiendo de mi capacidad para resolver las cosas. Francamente, soy muy astuto para los negocios, a la gente le encanta hablar conmigo. Además, jamás me gustó checar tarjeta ni pedir permiso para salir de vacaciones.

Y aunque en E-Commerce aprendí a trabajar, también hay una escena que no puedo olvidar, cuando meses después regresó el ingeniero Baudilio.

Visitó la empresa de sorpresa. Entró sin saludar a nadie y, con el rostro serio, a grandes pasos atravesó el pasillo. Sin anunciarse, entró al privado del otro socio. Discutieron durante unos cuantos minutos; ni yo ni nadie supimos por qué. Estaba molesto y se fue sin despedirse, después de azotar la puerta del privado.

# II. La fiesta de "Casi cuarenta"

En Watson Consulting nos dedicamos al desarrollo de aplicaciones. La empresa es relativamente nueva, y hemos sobrevivido los primeros tres años; en México, generalmente solo uno de cada nueve emprendimientos, subsisten, por eso sé que mi compañía es considerada innovadora y de vanguardia.

Tengo ocho empleados, una oficina muy cómoda para trabajar y donde todos nos llevamos como amigos. Hay un pequeño bar, consolas de videojuegos, mesa de billar, futbolitos y jardín para carnes asadas. Cada quien administra sus tareas y sus horarios; ejerzo un estilo de liderazgo basado en la confianza, dado que es la nueva forma de trabajo.

Elegí rentar un apartamento muy cómodo al que me mudé cuando tenía 28 años. No quise comprar casa, ¿por qué la gente quiere morirse sin terminar de pagar por un pedazo de tierra? El mundo cambia rápido, si no tengo certeza de lo que va a pasar mañana, menos de lo que ocurrirá dentro de cinco o diez años. Yo no batallo, si me aburre el barrio, simplemente me mudo y ya.

Administrativamente, tengo una frase que me rige: "Solo cuenta hoy, mañana Dios dirá". Vivo plenamente, no le ha faltado nada a mi vida, he ido a donde he querido. He cubierto mis ambiciones. Trato de divertirme mucho. Me gusta viajar, conocer lugares y personas nuevas. Salgo con quien quiero y cuando quiero; aún estoy muy joven para amarrarme a un compromiso. Ya pasó la época de las cavernas donde te casabas, tenías familia, un trabajo para toda la vida y niños —con mis sobrinos tengo—, ya habrá tiempo para eso.

Sin embargo, algunas mañanas, cuando despierto solo, imagino cómo sería mi vida si tuviera una familia como la que formaron mis padres, pero al ver las publicaciones en las redes sociales de mis hermanos: fines de semana de piñatas, fines de semana de bautizos, de películas para niños.., solo de decirlo siento que me ahogo y la duda desaparece. Sí, soy feliz, nunca me falta con quien salir, ya que tengo fama de espléndido. Me gusta lo mejor de lo mejor, la buena vida, la buena música, los lujos y las mujeres bellas que saben vivir el momento.

Existe una persona, Eugenia. Soy su *crush*. Éramos los mejores amigos en la facultad, sé que le gusto, su mirada la delata. Cuando no ando en plan romántico, es una buena opción para salir. Es muy divertida, nos reímos de todo. Yo puedo hablar sinceramente con ella, me escucha, yo dejo que me aconseje y hasta que me regañe, si eso la hace feliz, por mí no hay problema.

Tenemos años de conocernos. Ella estudió ingeniería en alimentos, e hizo prácticas profesionales en una panificadora industrial, así que llegaba a la escuela llena de polvo. Algunos compañeros —bueno, yo— le pusimos la Mugrosita.

No es fea, hasta simpática es cuando se viste de cierta manera. Dejamos de vernos un tiempo, pero nos reencontramos hace un par de años, en un viaje a Cancún. Desde entonces nos frecuentamos, siempre está ahí para mí, es mi incondicional.

Y aunque no es tonta, tiene una forma de pensar medio anticuada, sigue esperando a su príncipe azul, y quizá por eso es que colecciona patanes. Digamos que es algo soñadora, y en ese intento ha pasado por un par de decepciones. Le han propuesto matrimonio en más de una ocasión; la primera, el tipo se le echó para atrás, después conoció a alguien al que terminó pescando con su mejor amiga y, bueno, el resto es historia. Sin embargo, no pierde la fe y las ganas de tener una familia —yo, la verdad, paso—. Aún vive con sus padres, lo que me da bastante flojera.

Es dos años menor que yo e hicimos un pacto, si cuando cumpla 50 estamos solteros, nos casaremos. A veces bromeo sobre el tema, y ella cambia la conversación, como que no le hace mucha gracia, pero estoy seguro que no le desagrada la idea. Casi puedo apostar que espera ansiosa a que yo cumpla 50 para hacer su sueño realidad, estar conmigo el resto de sus días. Cosas de mujeres.

A mis padres los veo poco, cada que los visito es la misma canción: ¿cuándo te vas a casar?, ¿cuándo formarás una familia? ¿Por qué no sientas cabeza?

Por no discutir, escucho y sonrío, pero sí les digo que más vale solo que mal acompañado. Entonces mi madre vuelve a la carga: ¿qué va ser de ti cuando no estemos nosotros? Otra vez una sonrisa breve antes de contestarle: "Mamá, es sencillo, me tiro a las vías del tren, a una autopista, o dono mi hermoso cuerpo a la ciencia, no me gustaría llegar a viejo y andar dando lástimas. Realmente eso no me preocupa, tengo mi futuro asegurado, es pan comido: las *APP's* son lo de hoy, y lo de mañana".

Por cierto, que rápido pasa el tiempo, esta semana cumplo 39 y mi agenda está llena de pendientes entre invitados, comida, lugar y mil cosas más. Qué bueno que contraté a alguien que me ayude mientras busco por dónde entrarle al trabajo, dado el nuevo contrato de representación que estamos revisando con una compañía europea que quiere tener presencia en México. Eso hará que mi empresa valga cuatro veces más de lo que vale hoy.

Mi celular suena y veo en la pantalla un número desconocido, debe ser el bróker de la empresa europea.

—Bueno —contesto en forma apresurada—.
—Sí, buenos días, ¿con el señor Víctor Guzmán?
—me responde una voz madura—.
—Él habla, a sus órdenes.
—No tenemos el gusto de conocernos. Mi nombre es Rafael Román, soy asesor financiero. Su amiga de la universidad, Eugenia Martínez, me hizo el favor de pasarme su número.
—¿En qué le puedo ayudar? —digo sin ánimo—.
—¿Es posible que me permita visitarlo? Quiero ponerme a sus órdenes para ofrecerle mis servicios sobre planes de retiro. Soy experto en pensiones.
—Mire, señor Roberto, Alberto o como se llame. ¿Qué le parece si yo me reporto?, ya tengo su número y en cuanto pueda le marco.
—Deme la oportunidad de platicar sobre su retiro, es muy importante.
—Ando muy ocupado, pero veámonos el sábado a las 2 —le contesto ya desesperado—.
—¿De la tarde?
—¡No!, de la mañana. Si da, aquí lo espero en mi casa, o yo le marco.


Cuelgo el teléfono. ¡Ay, Eugenia!, ya tengo bastante con el día a día como para que le pases mi teléfono a vendedores. Además, estoy organizando la mejor fiesta del año. Prácticamente tiraré la casa por la ventana, música en vivo, bebida hasta decir ya no, y suficiente comida. El título de la fiesta es "Casi, cuarenta", irán todos mis empleados y mis socios, sin contar con que cada persona tiene derecho a llevar a un invitado. ¡Estará a reventar!

Es viernes de locura, tengo mensajes de voz que no he podido contestar. Mi fiesta ya es mañana. El primero de los mensajes es de Verónica, la organizadora: "Disculpa, Víctor. Me faltan las bebidas y las botanas. Tenemos más de 200 personas confirmadas entre amistades, clientes y conocidos. ¿Puedes llegar a comprar lo que falta, ya que estábamos preparados para 80?, te mando la lista por whatsapp. Yo paso en un rato para recoger todo, junto con los últimos pagos de los músicos y el equipo de audio. Por otro lado, tus papás no confirmaron". Fin del mensaje. Todo lo tengo que hacer yo.

El segundo mensaje es de Eugenia: "Hola Víctor, ¿cómo estás? He tratado de localizarte, te tengo una súper noticia. Te va a quitar un gran peso de encima, pero bueno, luego te digo. Espero que ya te haya llamado Rafael, le pasé tu número, perdón, me lo recomendó un buen amigo, ponle atención. Pero eso no es lo que quiero decirte…"

No termino de escuchar el mensaje, luego le marco. El tercero es de mi mamá: "Hijo, te habla tu mami. ¿Cómo estás, mi amor? Oye, tu papá no quiere ir a la fiesta, dice que va a haber mucho ruido y la última vez no le gustó el ambiente. ¿Cuándo te vemos hijo?, la última vez que viniste a casa fue hace 15 días. Te extraño mucho, por favor date la vuelta a la casa, te tenemos un regalo, a ver si te gusta, si no, para cambiarlo". Mis padres, me siguen viendo como si tuviera 10 años. Al rato les contesto. Tengo que completar la lista del supermercado y ver qué me pondré mañana. Me va a salir carísima esta fiesta, pero no todos los días se cumplen "Casi cuarenta". Será épico.

Al salir de la oficina me dirijo al súper. Recorro cada pasillo mientras *palomeo* cada cosa de la larga lista de los artículos pendientes. Me formo en la caja nueve. Mientras vacío mi carrito, escucho una voz familiar:

—¿Te ayudo con tus cosas, Cometín? —hacía años que nadie me llamaba así. Levanto la mirada y me encuentro a un anciano con un delantal. En su gafete, el nombre de Baudilio—.

No respondo ni un sí, ni un no. Me quedo helado, no sé qué decir mientras mi exjefe se acerca y descarga mi carrito. Está ocupado y concentrado en separar las cosas. No sé si saludarlo, o pedirle que tenga cuidado con las botanas de jamón serrano. Un montón te recuerdos y cosas cruzan por mi mente. No puedo creer la ironía, aquella persona que toda su vida quiso cerrar los supermercados, trabaja como voluntario en uno de ellos, ¿cómo llegó a esto?

No me ve a los ojos, está ocupado en separar en mi carrito las botellas de vino de los aperitivos, lo hace muy mal, no creo que esté calificado para este trabajo.

—¿Cómo está, ingeniero Baudilio? Qué sorpresa y qué gusto verlo, no me lo esperaba.

No lo puedo creer. Un día eres CEO de una empresa y al otro estás de empacador, ayudando a los clientes del supermercado.

—¿Te ayudo a llevar tus cosas al carro Cometín?
—Cómo cree, yo no puedo permitir que cargue mi mandado. ¿Qué hace usted aquí?

—Perdón señor, ¿su boleto de estacionamiento? — interrumpe mi asombro la cajera. Mientras yo busco en mi saco, me vuelve a preguntar con cara de enfado— ¿Encontró todo lo que buscaba?

Me quedo en silencio mientras pienso que Baudilio está de empacador por hobby. Él debe tener mucho dinero. La cajera me anuncia:

—Señor, son 5,311.78 pesos. ¿Gusta redondear los centavos? —me dice medio desesperada por mi poca atención—.
—Sí, adelante.
—¿Va a pagar con efectivo o tarjeta?

Saco mi tarjeta de crédito y me enfoco en la cuenta. Baudilio, que casi termina de empacar mis cosas, no dice nada. Me da pena darle unos cuantos pesos como habitualmente lo hago con las personas en su misma situación. Le digo:

—Ingeniero, ¿qué tal se la pasa aquí? Qué bien que venga a hacer amigos y salir de la rutina. ¿O es tipo una labor social de ayudar a acomodar el desorden de este mundo?

—No, Cometín. Aquí trabajo, por necesidad —mientras agacha la cabeza, toma mi carrito y se enfila a la puerta—.

—Es que usted era muy exitoso. ¿No me diga que se fue a Las Vegas a vivir?, ¿por qué perdió su dinero? ¿Cómo lo ayudo? Usted no puede estar aquí.

—Discúlpame, Cometín, pero debo estar hasta las diez —mientras me señala un viejo reloj de plástico—, a esa hora termina mi turno —y sonríe— ¿Quieres que te ayude con tu carrito?

—Cómo cree.

—Es mi trabajo, hijo. Tengo que hacerlo, si no, me llaman la atención.


Caminamos unos pasos hacia la salida y me pregunta:

—¿En qué trabajas?

—En una consultoría. Soy el dueño. ¿Qué hace usted aquí?

—¿Qué no ves? Trabajando.

—Pero usted fue director de una empresa, ¿no estaba jubilado? Ya en serio, ¿en qué se gastó la pensión?

—¿Cuál pensión, Cometín? Si cotizas toda tu vida con dos salarios mínimos, apenas recibes lo mínimo para cubrir lo más indispensable.

—Pero, ¿qué fue de su patrimonio, sus autos, su casa?, ¿todo lo que acumuló? ¿En qué se lo gastó? Usted vivía muy bien y tenía su futuro asegurado.

—Se fue junto con la enfermedad de mi esposa y una situación difícil de explicar. Mira, cuando fundamos E-Commerce Monterrey, como estrategia para que la empresa pagara menos impuestos, mi socio me propuso que cotizáramos con el mínimo ante el Seguro Social, y así lo hicimos, eso provocó que recibiera mayores ingresos de efectivo, pero afectó mi jubilación los últimos años de mi trayectoria, por eso estoy en esta condición y hoy recibo el mínimo.

—¿Por qué acepto eso?

—Por ingenuo, mi socio me dijo: "Tú preocúpate de trabajar que del resto me encargo yo, mientras exista E-Commerce Monterrey no tendrás de qué preocuparte" y, efectivamente, sí recibía mi cheque, mi parte de acciones y utilidades pero, seis meses después de mi jubilación, con la burbuja de las *.com* en el 2001, muchas empresas se vinieron a la quiebra, entre ellas la nuestra, y me quedé solo con mi patrimonio… Yo estaba de viaje en Europa y me declinaron una cuenta en un restorán; al no entender por qué mi cuenta no tenía fondos, llamé a la empresa y mi socio no me recibió las llamadas. Terminé pidiendo prestado a los amigos y cuando regresé al país, al buscar una explicación, me dijo: "Lo siento, no puedo hacer nada, yo también perdí todo". Después me enteré de que sacó lo poquito que quedó y puso un nuevo negocio, dejándome solo con lo que había ahorrado en algunas cuentas de banco, que por cierto no era mucho. A los pocos años, mi esposa enfermó de cáncer y perdí casa, autos y una propiedad que tenía en la carretera Nacional, y no solo eso, perdí lo más importante, a mi esposa —sus ojos se llenan de lágrimas y llegamos al carro—. Cuando traté de regresar a trabajar, la tecnología había cambiado y estaba muy obsoleto, nadie me quiso dar una oportunidad; tanta gente que apoyé, cada uno de mis clientes o colaboradores me fue cerrando la puerta. Hoy vivo con mi hijo menor, es bueno conmigo, pero me exige que ayude en la casa, a fin de cuentas soy una carga, una boca más que alimentar.

—Pero ingeniero, usted no merece estar aquí —le entrego mi tarjeta—, por favor apúnteme su número, usted me ayudó mucho —mientras cargamos las bolsas del supermercado a la cajuela del carro—.

—Pero yo ya estoy obsoleto —me interrumpe—.

—Lo único que necesito es que tenga ganas de aprender —mientras digo eso un adolescente le grita: "Baudilioooo, ándele, no esté perdiendo el tiempo. Me dijo la supervisora que había que traer carros del estacionamiento porque se están acabando. Ayúdeme"—.

Nos despedimos. Le entrego un billete de 200 pesos, el cual aprieta con alegría para después guardarlo rápidamente en su bolso. "Muchas gracias, Cometín, lo voy a pensar".

Nos damos con un fuerte abrazo y subo a mi coche. Por el retrovisor lo veo caminar lentamente hacia un carrito vacío. Pobre Baudilio, ya grande y trabajando en eso. Cuánta gente valiosa, con talento desperdiciado, está acomodando cosas en los supermercados, sin que conozcamos su verdadera historia. El gobierno, las instituciones o la sociedad deberían hacer algo para ayudarlos, la gente no puede terminar así sus últimos días.

Mientras conduzco, dejo de pensar en mi fiesta y en los proyectos. ¿Es posible que un empresario exitoso termine de esa forma? Aquella persona que admiraba y a la cual le debía mi primera oportunidad, hoy no tiene futuro. Por primera vez en mi existencia tengo miedo y dudas sobre mi plan de vida.

# III. Reflexiones frente a una pizza

E l reloj marca las 9 y 30 de la noche cuando llego al edificio donde está mi apartamento, el elevador y el pasillo principal en completa calma. Abro la puerta con dificultad por tantas cosas que cargo.

Mi hogar, si así se le puede llamar, está en perfecto orden. Enciendo las luces y pongo algo de música, a un volumen bajo, solo para romper este absoluto silencio, no en balde mandé instalar un sistema de sonido que, según dijo el vendedor, era de lo más nuevo.

Vivir solo es un privilegio que pocos nos podemos dar. A la gente le gusta vivir en manada, a mí no. Dicen que el ser humano necesita compañía, y estoy de acuerdo, pero no todo el tiempo.

Sentir la libertad de hacer exactamente lo que quieres hacer a la hora que lo quieres hacer tiene un precio, y no todos, seamos honestos, están dispuestos a pagarlo o, mejor dicho, tienen con qué pagarlo.

Mis amigos y, especialmente mi familia, me preguntan si no tengo temor de que alguien me asalte. Se inventan historias de que en medio de las sombras, de repente, alguien estará observándome y me hará daño. Les contesto que no, que mi mayor temor es despertar en medio de la noche porque los vecinos tuvieron fiesta, que el cajón del estacionamiento esté ocupado, o peor aún, que alguien interrumpa mi santa paz.

Vivir en el presente es lo más inteligente que puedo hacer, bye a las preocupaciones y a los pensamientos, en este momento tengo hambre y, gracias a Dios, existen las aplicaciones de comida, voy a ver qué puedo cenar. Se me antoja una pizza. De hecho me acaban de recomendar una que me promocionaron como atractiva, exótica y medio neurótica. Ya la vi, se llama Pizza en salsa verde, está hecha de tomates, chicharrón prensado, salsa verde y tocino. Se ve monstruosa, es para cuatro personas, pero con el hambre que tengo, le voy a hacer el honor.

Pizza de chicharrón, o será el cielo o el infierno, pero de que promete, promete. Nada mal para cerrar el día y ver los últimos detalles de mi fiesta.

Anoto los dígitos de mi tarjeta y oprimo el botón de aceptar. Ahora a esperar los benditos 40 minutos.

En la *playlist* aparece una de las canciones de La Oreja de Van Gogh. Recuerdo que la escuché por primera vez en la universidad, le fascinaba a Eugenia; cantaba horrible, bueno, no tan horrible, pero lo hacía sin gracia. Yo me burlaba tapándome los oídos.

Aunque la nostalgia no es uno de mis pasatiempos favoritos, comienzo a recordar cosas y aventuras de esa época. Igual y me pegó ver a mi exjefe en el supermercado.

Casi un mes invertido en esta fiesta, sin contar los compromisos de trabajo y yo preocupado por la pensión de Baudilio. Hay gente que es tan inoportuna, ¿para qué me platicaba su historia? Qué desafortunado *timing* de encontrarlo hoy, me robó mi energía, me sacó de mi centro de paz. Qué egoísta de su parte. No entiendo a esa gente que se hace la víctima. Si está como está es por culpa suya, él es el mayor responsable. Fue descuidado y torpe; tan sencillo que es planear, te pones un objetivo, trabajas en ello y punto.

A mí no me podría pasar eso. Yo tengo una empresa con un alentador futuro, jamás terminaría igual que él, viviendo con un hijo porque, para empezar, ni hijos tengo. No señor. Cuando tenga su edad tendré una casa en la playa con el producto de las ganancias de mis negocios y me dedicaré a viajar por el mundo. No descarto casarme, pero hasta los 60, con alguien que me lleve el ritmo, digamos entre los 20 y los 30, mayor no, hay que tener cuidado porque las mujeres son encantadoras, pero ya llegando a una edad se pueden volver tan demandantes.

Ni en sueños pensaría en depender de ayudas del gobierno o molestarme en empacar la despensa de otra gente.

Sí, sé que los negocios pueden no ir bien, pero para eso planeas, analizas, actúas a tiempo. Sé que el mercado cambia, pero solo un ciego no es capaz de ver las señales, y cuando estás en el mundo de los negocios, sabes que lo que funciona un día, al siguiente puede ya ser obsoleto. Los mercados no tienen palabra, el único compromiso que mantienen es con el cambio.

Existen tantas cosas que pueden salir mal, pero no soy un hombre que se quede cruzado de brazos. Por eso me molesta la gente derrotada que va por la vida rumiando como vaca sus desventuras, en lugar de ponerle remedio.

Quizá sea eso lo que me tiene algo inquieto, yo diría que hasta molesto, cómo es posible que un hombre como Baudilio esté en esa situación. Él había hecho su vida, tenía poder, experiencia, era director de una empresa exitosa, su error fue confiar en un socio que no fue honesto y trabajar mucho en un proyecto y en una empresa que terminaron siendo ajenos.

¿Pero cómo no lo vio venir?, así son las empresas, por lo general. Eres un número de empleado y al finalizar, o cuando las cosas se ponen difíciles, siempre tendrán a alguien más económico y más preparado, tocando a la puerta. Por cierto, tengo que ver con quién voy a reemplazar a Lizbeth, no me gustó que llegara pidiendo más dinero, no se da cuenta de que la industria, el mercado y la vida en general es cada vez más competitiva. Sus capacidades cada vez son menos especiales, qué culpa tenemos en la empresa que no complete con lo que gana, tiene que aprender a ser más administrada, yo por eso le dije: "Si te vas a casar, haz cuentas, eso ya no se usa. Vete a vivir con tu novio y ya adelante van viendo". ¿Me hizo caso? Pues no; es terca la niña pero bueno, por la mitad de su sueldo puedo contratar a un recién egresado.

Apunto en mi agenda: "Poner una vacante en la bolsa de trabajo", en realidad, dos vacantes, tengo que buscar a alguien para Capacitación. Otro recién egresado, lo menos que pueda pagar por eso.

Realmente, nada como tener tu propio negocio, nadie va a cuidarte como tú mismo. Además, con las responsabilidades vienen ciertos privilegios. Me pago los mejores lugares, gracias a mi empresa, mi trabajo y mi ingenio. Es mi talento, sé armar equipos competitivos y tengo un olfato para los negocios que hace que siempre consiga al cliente que quiero.

Por eso creo que mi empresa será el nuevo Facebook de la ciudad, es una buena idea y eso es suficiente para hacerse rico. Bill Gates, Steve Jobs y Mark Zuckerberg, nos dieron un ejemplo de cómo una idea puede cambiar el mundo. Siempre lo he dicho: "Si lo crees, lo creas". Yo, por eso, pienso positivo, nada de malas vibras y por eso me va tan bien en la vida, a mí no me va pasar lo que le pasó a Baudilio, a él le faltó ambición, pensó en el retiro cuando estaba por lograr un cambio importante en la industria, se hubiera esperado, para qué jubilarse cuando estaba en lo alto de su carrera, ahora está pagando el precio. No me da pena decirlo, fue holgazán. 20, 30, 40 o 60 años, da igual. ¿Por qué salirse del juego cuando vas ganando? ¿Por qué no tener un poco más de ambición?, la edad es un tema de la mente, no del cuerpo; el alma y la inteligencia no tienen edad. Estoy seguro de que él está pagando por no tener una visión de su vida, fue perezoso, por eso se retiró tan pronto. A mí no me va a pasar eso.

Suena el timbre. Es el repartidor con la cena. Para mí es un ritual menos complicado que ir a un restorán. Llegan, te entregan lo que pediste, nada de esperar minutos a que te tomen la orden, más minutos para que te traigan tu bebida con la cantidad exacta de hielo, más minutos para que pongan en la mesa más servilletas y, el colmo, más minutos para que te traigan la cuenta y, luego, esa regla no escrita que debes dar propina. Es una pérdida de tiempo, yo por eso prefiero comer en la comodidad de mi casa, con la música que yo quiero, o la película o el juego de mi preferencia, y sanseacabó.

Volviendo a mi pizza, se ve espectacular. Ya no saben qué inventar con tal de vender más, pero para mí funciona.

Nunca se me hubiera ocurrido que la pizza combinara perfectamente. Estoy contento. Aplico la de "Foto pal face" y, ahora sí, a cenar.

Mientras saboreo mi cena, sigo con los pendientes para mi fiesta.

Parece que va a venir más gente que el año pasado, a juzgar por las confirmaciones y es que, modestia aparte, la gente me adora. Y cómo no, si fiesta que yo hago, fiesta que es un éxito, y parte del éxito es que no falte comida, pero principalmente, que sobre bebida. Pero eso ya lo tengo previsto.

Navego en mi celular y encuentro una noticia que había sobre pensiones y retiros, dos cosas que no me interesan porque aún falta mucho para que llegue a esa etapa de la vida, pero lo amarillista del título me llama la atención: **"El dinero del AFORE no alcanzará para vivir".** La última vez que consulté mi Afore fue hace dos años y tenía más de 500 mil pesos. Quiero consultar mi estado de cuenta, pero como tengo muy poca pila en mi teléfono, y estoy a punto de terminarme la pizza, prefiero subir y descansar, no sin antes tomar mi dotación de pastillas para las agruras, un excelente invento del hombre moderno para los males más antiguos del hombre moderno.

Ya en mi habitación, me siento en mi escritorio, prendo la televisión y pongo a cargar mi celular. Aún me falta contestar algunos correos antes de cerrar la semana, y disfrutar por completo de la fiesta, pero en lugar de eso abro el navegador para *googlear* "Mi Afore".

A todo esto, ¿qué rayos es una AFORE?, en el buscador me encuentro la siguiente definición:

*Las **AFORE** son instituciones financieras **que administran el ahorro** para el retiro de los trabajadores que cotizan al IMSS o ISSSTE e independientes, para que a través del mismo obtengan su pensión. Además invierten los recursos en las Sociedades de Inversión Especializadas de Fondos para el Retiro (SIEFORE), con objeto de generar rendimientos* *que hagan crecer el saldo del ahorro para el retiro,* según la página del gobierno. Sigo en mi consulta y me interrumpe una llamada de Verónica:

—Hola, Víctor, buenas noches. Se me complicó pasar a tu apartamento hoy por las cosas, ya es muy tarde y tengo un compromiso personal. Llego mañana, ¿vas a estar ahí?
—Sí, adelante. ¿Puedes pasar entre 8 y 9?, porque la fiesta inicia al mediodía y quiero que todo esté listo desde temprano.

Regreso a la publicación y capto que la AFORE es un banco que cuida mi dinero y mis recursos, su tarea es administrar mi cuenta, sin embargo no hay ninguna garantía de que van a hacer rendir mi dinero, pero sí me cobran una comisión que utilizan para pagar comisiones a promotores, infraestructura y tecnología. Es un laberinto, no sé ni cuánto me van a dar. Cómo el gobierno no hace nada, eso no está bien, pero bueno, si de algo estoy seguro es de que no voy a vivir de mi pensión. Yo seré rico para la edad de Baudilio, soy un empresario joven y jamás me canso de trabajar. Si a los 39 años ya tengo una empresa, para los 60 viviré de mis rentas y las utilidades que dejen mis negocios.

En fin, qué tontería estar viendo estos temas cuando mañana es mi cumpleaños. En buena hora se me ocurrió preocuparme por mi futuro, si nunca me han preocupado esas cosas precisamente hoy.

Decido dormir. Me falta revisar el mensaje de Eugenia, pero mañana lo haré. Ha de querer que le mande la ubicación de la fiesta.

Apago la computadora, me pongo ropa para dormir y me recuesto sobre la cama. Antes de apagar la luz, mi celular comienza a sonar.

# IV. Mi pasado

Al revisar mi teléfono, veo un saludo en w*hatsapp*: *Feliz cumpleaños*.

Habitualmente no contesto llamadas ni mensajes de números desconocidos, pero éste llamó mi atención, 81201781024, porque al leerlo al revés coincide con la fecha de mi cumpleaños; yo hubiera querido ese teléfono.

—Gracias, ¿pero quién eres? No te tengo registrado.

—Alguien que quiere ayudarte.

—Qué amable, pero no necesito ayuda, además de que es muy tarde y mañana tengo cosas por hacer. De nuevo, gracias por la felicitación, te espero en mi fiesta.

—No has aprendido nada, estás vacío, con miedo y solo. No tienes nada.

—Eres tú, Roberto, ¿verdad? —siempre me juega bromas así en la oficina—.

—No.

—¿Quién eres?

—Ya te dije, alguien que quiere ayudarte. Porque solo tienes humo entre las manos.

—Mira, no voy aceptar una crítica de alguien que no es capaz de decirme su nombre. Para nada es gracioso.

Bloqueo el número, luego pongo el celular sobre el buró, junto a mi cama, pero…

—No puedes bloquear a tu conciencia, amigo.

Me asombra que aún me sigan llegando sus mensajes. Tecleo: *yo también trabajo en Tecnología, te voy a denunciar.*

No responde más. Lo sabía, es un charlatán, de esos que abundan. ¿Cómo le hizo para seguir mandando mensajes después de que lo bloqueé?, apago el celular y lo pongo debajo de mi almohada.

Cuando estoy a punto de quedarme dormido el teléfono comienza a sonar con un tono de alarma estridente. No logro apagarlo ni consigo que deje de hacer ese ruido que despertará a todo el edificio. Al tomarlo en mis manos se activa la linterna y una luz blanca ilumina por completo la habitación; su resplandor me ciega. Así varios segundos que me parecen eternos; al mover el aparato comienza a disminuir el ruido hasta quedar en absoluta calma.

Para cuando recupero la vista, ya no me encuentro en mi recámara, estoy en un sitio que tenía años sin mirar, mi antigua habitación de niño, en casa de mis padres, lo sé porque reconozco mis juguetes ¿Qué hago aquí?

Mi celular vibra, yo trato de localizar a mis contactos, pero ninguno responde. Una y otra vez la misma respuesta: "El número que desea llamar está fuera de servicio, favor de llamar más tarde".

El desconocido ataca de nuevo:

—¿Sabes dónde estás?

—Sí, en casa de mis padres —tecleo—.

Mi yo niño está recostado sobre la cama cuando de pronto se abre la puerta y entran a mi habitación mis papás y hermanos, y hasta mi abuelo Delfino, que vivía en ese entonces con nosotros.

Pensé que jamás lo volvería a ver, él siempre fue muy tierno y cariñoso con todos sus nietos. Después de fallecer mi abuelita, le rogamos para que se fuera a vivir con nosotros, y aceptó. Era muy bueno con todos.

Éramos privilegiados por tenerlo siempre de planta en nuestra casa. Nos contaba historias de sus padres. Nos llevaba a la tienda, jugaba con nosotros y lo que a mí más me encantaba era que regañaba a mi papá cuando nos corregía por alguna travesura o algo que le llegábamos a pedir.

-Abuelo Delfino, ayúdame con la tarea, me encargaron platicar de la Revolución Mexicana, ¿tú peleaste ahí?
-No soy tan viejo hijo, pero me sé una o dos historias.
—Víctor, no molestes a tu abuelo con tonterías, él está ocupado —interviene mi padre—.

-Déjalo, me encanta hablar con mis nietos y contarles historias, así no me olvidará jamás.

Qué hermoso es llegar a la parte más alta de tu vida, rodeado de tanto amor de la familia que cultivaste.

En mi familia teníamos una tradición: cuando alguien cumplía años, el resto se organizaba para cantarle a primera hora *Las mañanitas*. Lo hacíamos con una vieja guitarra que era de mi abuelo y que solo la utilizaba en esas fechas, ya que nunca aprendió a tocarla, solo esa canción se sabía.

Recuerdo que cuando yo era el festejado me hacía el dormido para sorprenderlos, aunque despertara una hora antes de que amaneciera, me emocionaba verlos cantar con tanto cariño. Qué hermosa etapa, qué hermoso era vivir en familia.

Y en medio de aquellos recuerdos que me movieron el corazón, la voz de mi madre:

—Felicidades, mi amor, ¿qué se siente ser un niño de nueve años?
—¡Genial, mamá!, pero ya no soy niño, ya estoy grande. ¿No amanecí más alto?

—Déjame ver… ¡Es cierto!, mi amor. Es más, se me hace que ya tienes bigotes.

Observo la escena desde un rincón de mi antigua habitación, había olvidado lo jóvenes que eran mis padres en esa época, tenían casi la edad que tengo ahora y, sin embargo, nuestras vidas son muy distintas. Puedo ver cómo el niño que fui corre hacia el espejo para mirar por abajo de la nariz, mientras hace una mueca, y aunque el adulto que soy me ve igual, mi madre afirma lo contrario.

Soy un fantasma en mi antigua habitación, no tengo idea de qué está pasando. Pero me reconozco con el celular en la mano y le mando un mensaje al único ser a quien puedo recurrir, tecleo:

—¿Qué está pasando?
—Observa, recuerda y aprende.

Salgo de mi habitación, aún niño, con el viejo uniforme que apenas me queda. Bajo la escalera, llego a la cocina donde nos reuníamos a desayunar. Nadie puede verme ni escucharme. Soy un holograma.

En aquel entonces mis papás tenían tres hijos, pagaban una hipoteca, ayudaban a mi abuelo Delfino y estaban al pendiente de nosotros.

En mi casa no se discutía sobre dinero, solo pedíamos algo y mi papá, que llevaba doce años trabajando como ingeniero de Procesos en una armadora de autos, se las arreglaba para dárnoslo, él siempre fue empleado y estaba a expensas de lo que su jefe dijera. Mi mamá se dedicaba a cuidarnos.

Ahora que veo cómo vivíamos, reconozco que no necesitábamos mucho para ser felices, una televisión en la sala, un estéreo, noches de película y, los fines de semana, juegos de mesa y paseos en el único auto que había en la casa.

La familia estaba reunida en el comedor, desayunando los *hotcakes* especiales de mamá, mi yo niño pregunta:

—¿A qué hora empieza mi fiesta?, ya invité a mis vecinos y a algunos amigos de la escuela.

Mis papás cruzan miradas y mi abuelo Delfino contesta:

—Diles que como a las seis de la tarde, después de que hagan la tarea.

En eso suena un claxon y salen corriendo, es el antiguo transporte escolar. Mi mamá le pregunta a mi abuelo:

—¿Por qué no le dijo que este año no habrá fiesta?
—No te preocupes, hija. Tengo unos ahorritos para emergencias. Yo me encargo de pagar la fiesta de mi nieto. ¿Qué tanto pueden costar unos dulces, un pastel y una piñata?
—¿Y la merienda, papá?, ¿qué vamos a dar de comer?
—Mis ahorritos alcanzan, no te preocupes. ¿Qué tantos niños pueden venir?, ¿quince o veinte?, no pasa nada, yo tengo mis ahorros. Que el niño no se preocupe, atravesamos dos carros en la calle y hacemos concursos, lo importante es festejar a Víctor. Solo se cumplen nueve años una vez. Además, ¿no escucharon?, ya invitó a sus amigos, no podemos hacerlo quedar mal.
—Papá, no está bien que gastes tus ahorros. Nosotros no pensamos en hacer la fiesta porque la situación en la compañía no está bien, desde julio que no pagan el bono anual y ya estamos en

octubre. Me da pena que gastes en una fiesta, ya bastante haces con apoyarnos.

—El dinero es para eso, para disfrutarlo, no mortifiques a tus hijos con cosas sin importancia. Ustedes son muy buenos conmigo, me tienen viviendo en su casa y yo adoro a Víctor. Además, es mi dinero y yo decido cómo usarlo.

Jamás imagine lo mucho que me quería mi abuelo Delfino, ni que a través de sus ahorros pagaba mis caprichos. A los pocos meses falleció de un problema cardiaco antes de que yo cumpliera diez.

Fue un hombre bueno, justo y generoso con todos, ahora que lo pienso, su partida dejó una gran huella en mí.

No me dejaron ver su cuerpo al fallecer, no pude despedirme. Al llegar de la escuela, mi mamá me dio la noticia, pasé toda la noche llorando, ya no lo volvería a ver, ni a escuchar sus historias.

No valoré el tiempo que pasé con él, al principio, lloraba y deseaba verlo y pedirle consejo, pero con el paso de los años...¿Cómo pude haberlo olvidado?, para mí era una figura de respeto y amor al mismo tiempo.

Es ahora que comprendo que mis papás y mi abuelo querían lo mejor para mí, siempre me dieron todo lo necesitaba y más, pero me faltó ser consciente del valor del dinero. Aunque sí me enseñaron a ser educado, a limpiar mi habitación, a ser un hombre de bien, a trabajar por mis metas, a estudiar, tantas cosas, pero no me enseñaron el valor del dinero. Me faltó aprender que en la vida se tiene que cuidar el tiempo y el dinero, es decir, que lo que vendemos en la vida es tiempo y se nos paga a través del dinero, entonces por eso es importante cuidar el dinero, porque lo conseguimos a costa de nuestro tiempo que invertimos trabajando. Y todo el dinero y el tiempo que mi abuelo invirtió en mí, contándome historias, resolviendo lo de mi cumpleaños, yo lo había olvidado, yo, que prometí siempre amarlo. Cómo lo extraño.

Mi celular comienza a sonar y, desplegando una luz que ilumina el salón, me transporta a un sitio que ya conozco. Es mi época universitaria y en la puerta del auditorio hay un cartel con letras rojas y brillantes que anuncia:

"Cierren las puertas, autoservicios, cierren sus puertas", conferencia magistral por el ingeniero Baudilio Bonilla, CEO E-Commerce Monterrey.

Es extraño verme tan joven, con un montón de sueños e ilusiones. Estoy en la puerta del auditorio buscando lugar junto a mis amigos, pero todo está ocupado. Lo intento en las primeras filas. No recordaba que me había sentado junto a una jovencita vestida con ropa de trabajo, botas industriales y un casco de construcción amarrado a la mochila:

—Hola, ¿está ocupado?
—No, adelante. Me llamo Eugenia, ¿tú?
—Víctor, mucho gusto. ¿De dónde vienes?, ¿en dónde está la construcción en la que trabajas?
—¿Así de mal me veo? Lo que pasa es que trabajo en una empresa de alimentos y tengo que entrar a los silos de grano para tomar mediciones y en ocasiones no alcanzo a cambiarme, ¿te molesta?
—Para nada, cómo crees. Se me hace raro que una joven venga así a la Universidad, eres ruda, ¿verdad?
—Qué te parece si mejor escuchamos la plática, me interesa la tecnología.

El ingeniero Baudilio hace su entrada e inicia la conferencia. Recuerdo cada concepto, cada palabra. Me emocionaba enormemente su visión sobre el mundo que estaba a la vuelta de la esquina. Explica con gran claridad por qué el comercio electrónico cambiará la forma de ver el mundo y al concluir, todo el auditorio le de una gran ovación de pie. En algún momento susurro: "Me encantaría trabajar ahí", creo que Eugenia me escucha:

—Pues ve y busca una oportunidad, no tienes nada que perder.
—¿Tú crees?, no sé nada de tecnología, solo soy un estudiante —¿lo dije o lo pensé?—.
—Si no pides la oportunidad, jamás lo sabrás. Lo peor que puede pasar es que termines dentro de un silo y no es tan malo, créeme.

Recuerdo que Baudilio me había dado la primera oportunidad, sin embargo, olvidé que Eugenia me motivó a pedirla. Mientras salgo del salón, le digo:

—Muchas gracias, amiga, ya conseguí al menos una entrevista —le muestro la tarjeta—.

—Felicidades, Víctor, te daría un abrazo, pero ando toda mugrosa, te voy a ensuciar.
—No te preocupes, gracias por animarme, tal vez jamás lo hubiera logrado sin ti. ¿Te digo algo?, no te ves tan mal Mugrosita —le doy un abrazo, se sonroja—.
—Ni que fuera María la del Barrio.

A partir de ese momento, Eugenia y yo nos hicimos grandes amigos. Durante los dos años que seguimos en la Universidad, compartimos tiempo libre, hablábamos por teléfono, salíamos a comer y nos contábamos historias, chistes y aventuras. Hablar con ella era como hablar conmigo mismo.

Me gustaba su forma tan optimista de ver la vida, su sonrisa y su alegría ante cualquier situación. Estaba al pendiente de mis calificaciones, tareas y clases, cualquier tontería que yo decía era un chiste para ella y nos gustaba hacer las mismas cosas. En más de una ocasión pensé en declarármele pero, o yo salía con alguien, o ella estaba siempre ocupada entre el trabajo, las clases y sus múltiples actividades. Sin embargo, pienso que jamás me animé a tener una relación con ella por miedo a que las cosas cambiaran.

El día de nuestra graduación, el tipo con el que salía no pudo llegar porque estaba de viaje. Se veía hermosa en un vestido verde esmeralda, me di cuenta de lo bella que era. Yo iba con una chica con la que estaba saliendo, de la cual no recuerdo ni su nombre. Eugenia estaba sentada en una mesa junto a la pista, se veía aburrida observando a todos bailar y rodeada por su familia, le pedí permiso a mi acompañante para sacarla a bailar y me acerqué a decirle:

—¿Bailamos, Mugrosita?

Sonrió, se puso de pie, me tomó de la mano, fuimos al centro de la pista. Ese momento fue mágico. Al terminar la pieza me abrazó como jamás nadie lo ha hecho. No dijo nada y se regresó a su mesa, sin mencionar una palabra. Tal vez fue un adiós o un hasta pronto de algo que nunca fue, porque dejamos de frecuentarnos cada vez más, hasta hace poco, que comenzamos a hablar de nuevo.

Mi celular vibra con un nuevo mensaje: "Hay gente que en el camino te ha impulsado y ayudado, como por ejemplo, Eugenia. ¿Tú qué has hecho por alguien? El que siembra escasamente, también segará escasamente; y el que siembra generosamente, generosamente segará.

Al terminar de ver el mensaje, mi celular comienza a sonar de manera estruendosa, trato de apagarlo, pero sin resultado. En un abrir y cerrar de ojos, me veo sentado sobre mi escritorio, al parecer, todo ha sido un sueño. Tanto trabajo me está afectando, mientras me quedé dormido, eché a perder el último correo, ya que mi dedo se pegó a la tecla de la letra "e".

Qué sueño tan extraño, pude ver a mis padres, a mi abuelo Delfino, a Eugenia y a Baudilio: gente que confió en mí, sin esperar nada. Fueron generosos conmigo y no supe corresponder. Pero bueno, ya tendré tiempo enmendarlo.

Me duele la espalda, son casi las dos de la mañana y yo aún trabajando. Mi ritmo de trabajo está a mil, no sé si podré resistirlo los 26 años que me quedan laborables. En fin, mañana pensaré en eso, ahora a dormir.

# V. Mi presente

En unas horas comenzará mi fiesta. Mientras trato de conciliar el sueño, escucho el timbre de mi apartamento, el reloj marca las dos de la mañana en punto. ¿Quién diablos llama a la puerta a las dos de la mañana?, pienso que es un error, pero cada vez tocan con más fuerza y durante más tiempo. Con enfado y más dormido que despierto bajo lentamente la escalera y choco con algunos muros;

al llegar a la planta baja, veo la puerta abierta. Camino lentamente para prender la luz de la sala.

Un escalofrío recorre mi espalda, mis miedos se confirman; alguien entró al apartamento, que no se me olvide poner una queja en la junta de vecinos, seguro alguien está escondido en la cocina, sin embargo, no encuentro a nadie, ni un solo rastro. "No puede ser que haya olvidado cerrar la puerta", pienso mientras enciendo la luz.

Me regreso a la sala mientras repito la frase: "¿Quién anda ahí?, llévese lo que quiera", pero nadie responde. Me tranquilizo pensando que la imaginación me jugó una broma, probablemente dejé la puerta entreabierta al bajar las cosas del mandado, me asomo al pasillo y no hay nadie. Respiro aliviado, giro el cerrojo y pongo el seguro.

No puedo tener estos descuidos, probablemente mi vecino llegó y tocó el timbre para avisarme que la puerta estaba abierta. Además, estos apartamentos son seguros, para que alguien entre tiene que pasar dos filtros de seguridad.

Entro a la cocina para tomar un vaso con agua y apagar focos. Respiro hondo y subo la escalera de nuevo, necesito dormir lo que queda de noche.

Al abrir la puerta de mi habitación, un gran destello me deslumbra. Me encuentro en una cafetería con cuatro mesas y, al fondo, una barra llena de postres. Estoy en pijamas y una persona toca mi hombro:

—Hola, soy Rafael Román. Encantado de conocerte, gracias por invitarme a tu casa.
—¿Perdón?
—Soy Rafael, amigo de Eugenia. Acordamos reunirnos a las dos de la mañana, según nuestra llamada de hace rato. Me dijiste que si llegaba a tu casa me darías la cita, y yo jamás quedo mal cuando hago un compromiso. Espero que no te moleste la hora y los pequeños cambios que hice, porque eso de vernos en una recámara, discúlpame pero no es mi estilo. Espero que no te ofendas, aquí está mi tarjeta —no alcanzo a decir una sola palabra, solo lo veo y escucho—. Pero qué mal educado soy, siéntate, esta es literalmente tu casa, te prometo que no te quito más de media hora, luego dejaré tu habitación como estaba.

¿Quién es este tipo?, ¿qué hace en mi casa?, ¿por qué estamos en una cafetería?, tantas preguntas que quiero hacerle mientras él escribe en una agenda.


—¿Quieres algo de tomar?
—No, nada.

Se acerca un mesero con una pequeña placa que dice "Homero".


—Mi amigo no gusta tomar nada, para mí un café americano. ¿Seguro que no quieres nada? —me vuelve a preguntar Rafael—.
—No, gracias, se me va el sueño con el café, y si duermo, tengo pesadillas.
—Señor, aquí todo es muy bueno. ¿Seguro?, ¿no quiere nada? —insiste el mesero—.
—Está bien, tráigame un capuchino, por favor.
—Excelente elección, señor. Confirmo la orden, un café americano y un capuchino para usted. No tardo, caballeros, solo déjenme llevar esta cuenta a esa mesa —apuntando a donde discuten otras dos personas— y les traigo su pedido —inclina la cabeza y se retira—.
—¿Estoy soñando? —pregunto—.
—Probablemente —me responde Rafael—, ¿me das permiso de realizar algunos apuntes?
—Sí, adelante.
—Quiero que te sientas en confianza y respondas

sinceramente las preguntas que te voy hacer. Si con alguna respuesta no te sientes cómodo o no quieres responder, ten la confianza de mencionarlo. Es muy importante para mí diseñar una solución que te ayude en tu retiro y evitar que pases lo que está pasando Baudilio ¿Listo?

—¿Conoces a Baudilio?

—Para cuando aceptó mi ayuda, ya era muy tarde. ¿Comenzamos?

—Sí, adelante.

—¿Qué edad tienes?

—Hoy cumplo treinta y nueve.

—Ah, ¡muchas felicidades! ¿Fumas?

—No.

—Muy bien, ¿tienes algún tipo de ahorro?, ¿en qué te gusta invertir tu dinero?

—Invierto en mi negocio, ya que me deja más rendimiento, así tengo el poder de maniobrar y estar listo en caso de alguna contingencia. No creo mucho en las instituciones financieras.

—Bien, y si no es indiscreción, ¿cuánto dinero tienes ahorrado?

—¿Cómo? —respondo un poco incómodo por la pregunta, a lo que vuelve a preguntar—.

—Si no te sientes cómodo con la pregunta, entonces dime cuántos meses de tus ingresos tienes ahorrados.

—Pues ahorita no tengo mucho, acabo de hacer una inversión de unos servidores, tal vez medio mes.

—Déjame replantear la pregunta: si el día de hoy tuvieras alguna situación que te impidiera trabajar, ¿cuánto tiempo sobrevivirías con tus ahorros o con tus activos?

—Pues tengo mi casa.

—¿Ya está pagada o cuánto te falta para eso?

—Es rentada.

—Entonces no es tu casa.

—Pues no. Tengo mi negocio, que depende de las ventas. Tengo los activos, que son computadoras. Las licencias no las puedo utilizar y tampoco traspasar, y en el banco tengo reservado lo de la nómina de los próximos tres meses. Si se cierra un proyecto con Europa, pues creceremos, pero si no, pues no... Tengo mi auto, del cual debo 18 mensualidades, y también tengo mi sueldo de la compañía.

—Bien, déjame ver si te entendí. Casa no tienes, pagas renta con todos los servicios. El carro lo estás pagando. Del negocio, tienes una reserva de los próximos tres meses. Tu sueldo de este mes lo estás gastando en una fiesta. ¿Qué haces si te cae un dinerito extra?

—Salgo. Ahorita estoy planeando un viaje a Argentina, siempre quise conocer el Perito Moreno.

—Entiendo... Comentaste que tenías dinero ahorrado en el banco, ¿se puede saber para cuantos años te alcanzaría sin trabajar?

—¿Años?, cuando mucho termino la quincena.

—Ah, muy bien, porque estamos a mitad de quincena, sí te alcanza para terminar, ¿o no?

—Sí, créeme que con esto de la fiesta gasté lo que había ahorrado —lo digo un poco avergonzado, no había caído en la cuenta de que realmente no tengo ningún respaldo—. Mi contador administra las finanzas de mi negocio y de ahí él me deposita una cantidad en mi cuenta y con eso yo hago

movimientos o simplemente gasto. Me va bien, pero como mis prioridades son salir de vacaciones cuatro veces al año, cambiar de carro cada dos, comer en restorán cinco de los siete días de la semana, no me quedan recursos para ahorrar.
—Entonces, no tienes ahorro, ¿verdad?

Respondo avergonzado que no, mientras él me mira y mueve la cabeza de un lado a otro.

—Siguiente pregunta, ¿cuánto tienes ahorrado para tu retiro? A partir de hoy, te quedan 26 años para ese momento.
—Ah, eso sí lo sé, lo acabo de checar en mi AFORE hace como dos años. Tengo 500 mil pesos, es mucho dinero, ¿no? —hago una pausa mientras él apunta en su libreta una serie de garabatos y, como no obtengo una respuesta inmediata, yo mismo me contesto que no, que es culpa del gobierno, que deberían prepararnos mejor, trato de desviar el tema—. ¿Por qué cambiaron el esquema de pensiones? —y entonces me dice algo que cambia mi perspectiva—.
—Lo normal es culpar al gobierno, a las empresas, a China, a los políticos pero, con todo respeto, es tu vida, el único beneficiado o perjudicado eres tú. Por eso hay que tomar el control. Hacerse cargo, piensa en el adulto mayor que llevas dentro, comienza a ayudarlo. Piensa en el Víctor Guzmán del 2050, no va a tener ni tus fuerzas, ni tus capacidades, a como vas, ni familia, ni activos; él vive ya dentro de ti y depende solo de ti para salir adelante. No le quites sus recursos, abónale, para

que termine sus últimos días de la mejor forma posible. ¿Qué pasaría en caso de que tuvieras algún accidente que te imposibilitara para realizar lo que hoy haces, es decir, algo que no te permitiera trabajar?

—Ah, ya entendí dónde está el truco, ahora seguirá el terror psicológico y los chantajes emocionales… Qué te digo, no sé, tal vez no tendría nada qué hacer, dado que mi única opción sería pedir apoyo a mis papás y regresar a vivir con ellos. No tengo esposa, ni hijos, y en cuanto a mis hermanos, ellos tienen su vida muy aparte.

—¿Pero tus papás pueden mantenerte? Y, lo más importante ¿estarán vivos para esa etapa de tu vida?

—¿La verdad?, no sé.

—¿Te imaginas en esa situación?

—Es poco probable que eso me ocurra, y si me ocurre, ya Dios dirá —lo digo muy convencido—.

—Mira, no quiero asustarte, solo quiero que seas consciente. Por ejemplo, en el 2016, cerca de 32 mil personas quedaron incapacitadas de forma permanente, es decir: una persona de cada 500 por año, o bien, una cada quince minutos. Yo te apuesto que no lo tenían como parte de su plan de vida, ¡qué mejor que estar preparados!

—Pues sí pero, la verdad, con lo que gano, o mantengo el nivel de vida que hoy tengo o ahorro.

—Y te aseguro que, ante cualquier eventualidad…

—A todo esto, ¿cómo te paso Eugenia mis datos?

—Ella es una chica encantadora, mi sobrino me la presento hace unos meses, con eso de la boda y de que se van a casar, pues ….

—¿Disculpa?, ¿se va a qué..?

Me incorporo y de nuevo estoy en mi habitación. Al parecer, estuve soñado. Desde mi cama, veo que el reloj marca las 3 de la mañana. Tomo de nuevo el celular y descubro un mensaje de Eugenia, quizá por eso y por mi búsqueda del AFORE fue que soñé lo que soné ¡Qué noche tan intensa!, escucho el mensaje de Eugenia: "Hola Víctor, ¿cómo estás?, he estado tratando de localizarte. Espero que ya te haya llamado Rafael, le pasé tu número, me lo recomendó un buen amigo. Discúlpame por tomarme esa libertad, pero sería bueno que le pongas atención. Pero eso no es lo que quiero decirte, te tengo una gran noticia, estoy súper enamorada. Creo que fue amor a primera vista y ¡Nos vamos a casar!, por eso no voy a poder ir a tu fiesta, porque como todo fue tan rápido, pues andamos con los preparativos. Sorry, te mando un abrazo, amigo. Que te la pases bonito en tu cumple y que Dios te bendiga, luego te llamo para saludarte".

¿Qué rayos? Escucho el mensaje una y otra vez y creo que dijo "casar". Se suponía que estaba enamorada de mí, no se puede casar. ¿Por qué va a hacerlo?

Batallo para conciliar el sueño. Pienso en mi presente y hacia dónde llevo mi vida, en lo vulnerable que estoy, viviendo solo el hoy, dejando ir oportunidades, como pasar más tiempo con mis papás, con mis sobrinos, con mis hermanos, con la misma Eugenia. Descubro que me basta solo recibir un mensaje de ella para dibujar una sonrisa… Mañana le hablaré, le voy a decir lo que siento y le voy quitar esas ideas de casarse con un don nadie. Y aunque batallo, el sueño me vence hasta quedar dormido. Me siento, no sé si sea la palabra correcta, pero como frágil, vulnerable. Me reconozco solo. Todo está en silencio, en perfecto orden, pero comienzo a sentir frío.

Por primera vez me siento ajeno a mi apartamento, apenas caigo en la cuenta de que algo le falta, mi casa no tiene alma.

Y yo, tengo miedo, ante el futuro tan poco esperanzador que tengo y del cual por primera vez soy consciente.

# VI. Mi futuro

uena el despertador, hora de levantarse. Un gran día por delante, ya es mi cumpleaños, tengo muchísimo por hacer. Más dormido que despierto por la intensa noche que he vivido, un montón de sueños locos, una gran fiesta y una boda que arruinar, tengo que hablar con Eugenia.

Abro los ojos, busco apagar el despertador que esta vez suena más agudo e intenso, me levanto a oscuras tratando de despertar y chocando con los muebles, busco el reloj pero no se encuentra donde regularmente lo pongo.

Enciendo la luz. ¿Dónde estoy?, ¿dónde están mis cosas?, ¿dónde está mi casa? ¿A dónde me han traído, en qué hotel estoy? Este no es mi apartamento. Veo un gran ventanal frente a mí, al recorrer las cortinas no parece haber calles, ni ciudades, pareciera ser un lugar en medio de un gran bosque. Una pequeña brecha llega hasta lo que es el portón de entrada, nos rodean arboles de todos tipos y una selva a lo lejos, no existe nada más que grandes extensiones de montañas, bosques y colinas.

Me encuentro en una habitación minimalista de no más de cuatro por cuatro metros cuadrados, en lo alto de un edificio imponente. Al lado de mi cama, un pequeño cuarto de baño, algo que parece un monitor o televisión y en la pared de enfrente, una gran cortina por la que entra luz. Visto una bata larga. La alarma continúa sonando y me aturde, no encuentro dónde apagarla.

"Buenos días, Don Víctor, apague el interruptor en su mano izquierda", me dice una voz electrónica. Pulso un botón que parpadea en  la pantalla de una pulsera y se apaga el despertador. Me lavo la cara en aquel pequeño cuarto de baño. Al verme al espejo, me quedo helado.

Soy un anciano, ¿dónde está mi cabello?, ¿en qué momento me salieron estas arrugas en la cara?, ¿en qué momento envejecí? Debo seguir dormido, mientras corro a la cama a taparme y repetir: "Esto es un sueño, esto es un sueño, no puedo ser un anciano".

Se abre la puerta de mi cuarto y entra una mujer vestida de blanco, parece ser una enfermera.

—Don Víctor, despierte. Tiene una junta con el Comité en una hora, y tiene que estar listo
—¿Cuál Comité?, ¿quién es usted?, ¿me conoce?
—Claro que sí, Don Víctor, usted tiene tres años aquí y ya casi llega su gran momento, ¿ya no se acuerda de mí?, soy su asistente. De hecho, estamos en los preparativos finales y qué bueno, porque al parecer ya le está fallando la memoria. De favor báñese, vístase y prepare su ropa, hoy tiene sesión con el Gran Comité.

En el lado izquierdo de mi habitación, un clóset con tres cambios de ropa. Después de bañarme, salgo de la habitación con un pantalón blanco y una camisa blanca, que me quedan a la medida.

La mujer que dice ser mi asistente me espera, juntos caminamos a través de largos e iluminados pasillos, que reflejan la grandeza de ese lugar, con jardines y personas vestidas igual que yo, ancianos que saludan amablemente, aunque me voltean a ver con tristeza; solo mueven su brazo para decir adiós. Abordamos un elevador, en el tablero está el piso 72, pero mi asombro y desconcierto suben como aquel aparato, hacia la punta de un edificio, rápidamente llegamos al piso 93.

Estamos frente a una recepción. En la pared del fondo hay un tablero electrónico que dice: "Comité de Vida Futura. CVU", mi acompañante me indica dónde sentarme para esperar mi turno. Delante de mí hay dos personas con largas caras, no dicen nada. Le pregunto a uno de ellos: "Amigo, ¿no lo mata la espera?". Sonríe y me contesta: "Al contrario, la espera es lo que mantiene vivo".

Lo llaman y pasa por una puerta. Después de quince minutos, sale llorando acompañado de dos fortachones, van hacia el ascensor que nos trajo aquí, mientras les dice: "Qué rápido pasaron los tres años, qué rápido se va la vida. No sé si he tomado la mejor decisión. Quiero seguir vivo, qué daría por unos días más".

"Víctor Guzman", se escucha mi nombre, al parecer es mi turno. Paso por una puerta e ingreso a una especie de juzgado, donde existen varios árboles frutales pequeños. Sentadas en un medio círculo con cinco lugares, hay cinco personas con cara de aburridos, me ponen poca atención. En la pared existe un letrero en letras doradas con la frase "Vivimos mientras nos renovamos", Henri-Frédéric Amiel. A los lados, unas banderas tricolores.

—Señor Guzman, bienvenido. Quiero decirle que el día de hoy cumple 68 años. Muchas felicidades. Su fondo de retiro le cubre un par de días más, pero como no trabajamos el domingo, el lunes es día del Jubilado y, por lo tanto, festivo, y usted sabe que los trámites se llevan tiempo, es apremiante que resolvamos su situación. Como sabemos que no tiene esposa, hijos, ni familiares, solo un par de sobrinos a los que no ha visto en quince años, necesitamos que nos diga dos cosas, dado que en su contrato, está previsto que decida sobre su última voluntad. Primero: ¿qué tipo de árbol seleccionó para trascender? y, en segundo término: ¿qué quiere que diga la placa de su memorial? Asimismo, tiene usted de derecho a realizar las videollamadas que requiera de aquí a que se ejecute su voluntad de trascender hacia la otra forma de vida.

—¿De qué diablos me habla? No entiendo nada.

—Hoy amaneció muy olvidadizo, no se acuerda de nada —mi acompañante interviene—.

—A ver Don Víctor —interrumpe un hombre del Comité—tenemos mucho trabajo, le recuerdo que usted firmó un compromiso con este Comité hace tres años, le propongo lo siguiente, va a ser un aguacate y su placa dirá, "Solo hoy cuenta, mañana Dios dirá", que es lo que dice su ficha de ingreso, como opción terminal. Con esto se cierra la sesión, ya que es el último caso. Disculpe, Don Víctor, pero el tiempo es oro y no podemos desperdiciarlo. Los caballeros lo acompañarán a su habitación.

En menos de cinco minutos personas que no conozco y a quienes no les importo, deciden cómo acabará mi vida. Mi acompañante abre los labios y me explica:

—Mire, Don Víctor, se lo voy a explicar de nuevo, porque veo que amaneció desubicado. Esta es un área sagrada y protegida de la nación, donde se vive muy bien. Ustedes, los habitantes, tienen médicos, áreas verdes, espacios para distraerse, y derecho a unas vacaciones por año, sin embargo, como usted comprenderá, estos beneficios tienen un costo y duran mientras puedan pagarlos. Pero no se sienta mal, en promedio, la gente no dura aquí más de tres años y medio. Tomando en cuenta que, como en su caso, la gente llega aquí a cierta edad, cuando no tienen familia, pues claro que es una muy buena opción, tan es así que muchos venden sus posesiones, como en su caso, para vivir una vida plena con la mejor comida, los mejores cuidados y las mejores atenciones pero, cuando se acaba el dinero, se acaba el tiempo y llega el momento de trascender. Este es su momento, Don Víctor, el momento correcto para que usted trascienda y qué mejor que en un árbol. Nosotros le ayudamos a dar el paso al más allá. Nuestro compromiso es depositar sus cenizas en la base de un árbol joven, fuerte, y cumpla con la misión universal de dar frutos. En su caso, le tocó ser un aguacate.
—Pero yo estoy sano, yo me siento bien, yo no quiero ser un aguacate.
—Ay, Don Víctor, el Comité ya concluyó y usted mañana será un aguacate.
—¿Me van a matar?
—Dicho así suena muy grotesco. No, claro que no. Le vamos a ayudar a pasar a una mejor vida. Va a vivir en forma de árbol por la eternidad y dará muchos frutos. Qué bonito, ¿no cree? Su

instalación dará de comer a muchas generaciones. Aparte, haga memoria, usted siempre dijo que no quería estar en un hospital, ni depender de nadie. Y así será. Usted concluirá su ciclo entero, de pie, como un árbol. No entremos en detalles sobre qué le va a pasar, esas son pequeñeces que no estoy autorizada para comentar y que, además, no sé, y en realidad, nadie lo sabe, todo se maneja a través de esa pulsera que tiene en el brazo; por temas de humanidad no nos revelan el procedimiento, Don Víctor, solo sabemos que al final del día, se ejecutará la orden y usted amanecerá como parte del maravilloso bosque que nos rodea. Como memorial se le pondrá una placa que dirá: "Solo cuenta hoy, mañana Dios dirá"

—¿Cuándo decidí yo esa frase?, es muy banal y cursi.

—Ay, Don Víctor, vaya que amaneció desmemoriado. Esa frase es la que viene por default, a menos, claro está, que ustedes decidan otra. Y como casi nadie lee el formulario de ingreso, pues es la que se queda. Pero no la subestime, fue la frase *trending topic* cuando se creó el programa. Si me permite,  mucha gente no piensa, no visualiza lo que implica envejecer. Este programa es una bendición porque imagínese, cuánta gente como usted está sola, sin familia, con recursos limitados. ¿Cómo pretenden ser atendidos? No podemos darle más problemas al gobierno ni a la sociedad, recuerde que los impuestos no son inagotables. ¿Quién lo va atender? Hay que ser serio y aceptar la responsabilidad que tenemos sobre nosotros mismos. Usted ya vivió, ya le toca dejar respirar a otros.

—Pero no me quiero morir.
—No se va a morir, va a trascender en un aguacate, entienda. Va a alimentar con sus frutos a otras personas. Lo que no pudo hacer en vida lo hará por el resto de la eternidad. Esta zona ayuda alimentar a gran parte de la población. Sí, lo sé, jamás pensamos de jóvenes en estos temas, ahorrar e invertir no solo dinero, si no amistades, una familia, pero mire, al igual que todos los que están aquí, usted debió haber tenido una vida maravillosa, que no me interesa que me platique. De ninguna manera quiero ser inoportuna, pero ya vivió, y como usted quiso. ¿O me equivoco?

Llegamos a mi habitación, cuarto 73211.


—Don Víctor. Un honor. Mucho ánimo y felicidades por su próxima trascendencia. Sea un aguacate.

Se cierra la puerta de la habitación y yo me quedo solo, como toda la vida. Busqué no comprometerme, vivir mi libertad, y esto es lo que obtengo. El silencio me observa, pero no me dice nada, yo, en cambio, veo cómo avanzan los segundos en el reloj y contemplo la inmensidad de aquel bosque por la ventana.

Toda la vida traté de ser distinto, de seguir mis propias rutas, de elegir algo más allá de lo que elegían los otros y terminaré convirtiéndome en un árbol más.

Mis últimas horas en este mundo y estoy solo, sin familia, sin dinero, con un montón de posibilidades por delante que solo fueron promesa. Jamás tuve tiempo para el mañana y el hoy se acaba con este atardecer.

Me faltó visión pensar en el mañana. Estuve ocupado en el hoy, y solo me queda eso, el hoy. Mañana seré un aguacate.

Mientras el sol cae sobre las montañas, me sorprende la cantidad de árboles es ese inmenso bosque, la cantidad de vidas, la cantidad de sueños en una red, en una misma vida. Cada árbol es una vida, una historia, reducida a un pequeño espacio de tierra y una pequeña placa.

¿Quién planea el mañana?, ¿quién se ve de 68 años? No puedes vivir en el mañana, perderías la visión de lo bello de la vida. ¿Por qué vivimos tan poco tiempo? Tantas comodidades, tantas distracciones, tanto tratar de matar el tiempo y el tiempo termina por matarnos.

Me recuesto sobre la cama mientras pienso cómo evitar este futuro. Si tuviera una oportunidad, pasaría más tiempo con mis padres. Buscaría formar una familia o estar más tiempo con mis hermanos y mis sobrinos. Planearía mi vida como un proyecto de mi empresa, cuidando el dinero y mi salud, siendo generoso con otros, ahorraría para este momento, guardando recursos para el anciano que hoy soy.

El último rayo de la tarde desaparece. Se acaba el día, se acaba mi tiempo.

Nunca me había sentido tan solo, y no lo siento por no tener una pareja, es más bien por saber que nunca me preocupé por nadie más que por mí. Este egoísmo me llevó a donde estoy. Si tuviera familia, si hubiera hecho más por la sociedad, tendría más vida. No fui como mi abuelo Delfino, como mis padres, Baudilio, o Eugenia. No, yo nunca tuve esa capacidad para dar algo a alguien, por eso estoy solo. "Señor Víctor Guzmán, por favor recuéstese en su cama, vamos a iniciar el procedimiento", se escucha una voz electrónica.

—No. Quiero un día más, me deben un día más.
—Señor Víctor Guzman, ya vivió 24,837 días, un día más no hace diferencia, por favor siga las instrucciones. No nos obligue a utilizar la fuerza.

Un par de gigantones entran a la habitación y me toman de los brazos. Me llevan a la cama. Mi respiración y mi corazón se agita, no puede ser que aquí se termine todo. ¿A quién le importa que viva unos años, unos meses, unos días, unas horas más?, a nadie más que a mí. Algo me dice que debo terminar dignamente y elijo ya no resistirme.

—¿Solo me recuesto?
—Sí, por favor. Fue un placer servirle en esta etapa de su vida. A nombre del país, de la sociedad agradecemos sus servicios y valoramos que entregue su vida de forma generosa por el resto de las generaciones…

No entiendo más de lo que me dicen. Las imágenes de mi vida pasan como un flashback. Mientras me tapan la boca, mis ojos observan cómo ingresa una aguja a mi brazo; con ella, un dolor insoportable. Mi corazón late a ritmo acelerado, ya no tengo control de mi cuerpo. ¿De verdad es el final?

Un calor recorre mi brazo izquierdo, de ahí al resto de mi cuerpo, siento mucho dolor. Quiero incorporarme, pero no lo consigo y solo me arrastro sobre la cama, la oscuridad me cubre. Los latidos de mi corazón baten ahora lentamente. Yo quería una oportunidad más, un día al menos.

Caigo de la cama donde estaba recostado, pero no siento el golpe contra el piso. Me falta el aire y no respiro, siento miedo. Hablo, o creo hacerlo, pero nadie me escucha. Pierdo el conocimiento, se apaga mi corazón. Es el final.

# Final

Una pequeña luz golpea mi cara, me siento cansado. Me duele la espalda. Abro los ojos y estoy tirado en el piso. ¿Así se siente estar muerto? Puedo mover mis piernas y mis brazos.

Me toco la cara y percibo el calor brotando de mi nariz mientras exhalo. ¡Estoy vivo!, no lo puedo creer, todo fue una pesadilla.

Me levanto de un gran salto y recorro las cortinas de la ventana. ¡Estoy vivo!, no me cabe en el pecho la alegría.

Veo la ciudad distinta y aprecio hasta cada pequeño detalle del paisaje de esta hermosa ciudad. Me asaltan los colores, la gente, el ruido; hasta el tráfico se ve hermoso desde mi ventana.

Jamás me había percatado de que tenía un balcón, es una vista hermosa de mi ciudad, cada detalle, cada calle, edifico y persona; el sol alumbra de forma distinta, con un resplandor distinto, y me alegro de poder saltar, de poder moverme, ser yo mismo, es como renacer.

Abro la puerta del balcón de mi cuarto y poco a poco el viento me acaricia la cara; ahora entiendo que todo lo vivido fue tan solo un sueño, o tal vez mi vida era una pesadilla, y hoy realmente estoy despertando, naciendo de nuevo y entendiendo que he vivido en mi mundo, en soledad. Esto es una oportunidad para despertar y nacer de nuevo.

Estoy vivo, fue solo un sueño. Sin importar que alguien me oiga grito que estoy vivo desde mi balcón, y el viento recibe mis palabras.

Mi recámara es un desorden, pero también mi vida lo es, pero tengo una oportunidad. Tengo todavía muchos días por delante. Nada me va a quitar la alegría que siento hoy, tengo vida. ¡Gracias por un día más, Dios! Voy a cambiar, y voy a cambiar a partir de ya ¿dónde está mi libreta? Escribo los cinco puntos más importantes para el día de hoy.

**Puntos para mi nueva vida:**

Punto 1: "Cancelar la fiesta". Marco a Yolanda, la organizadora de la fiesta de "Casi cuarenta".

—Yolanda, buenos días.
—Víctor, ya tengo todo listo, voy camino a tu apartamento a recoger las cosas, estoy a 5 minutos.
—Cancela todo.
—Pero no puedo, te costaría una fortuna, ya está confirmado el grupo, los invitados, la comida…

—Está bien, no canceles, pero tengan la fiesta sin mí. Tuve una experiencia increíble que me hizo ver las cosas de forma distinta. Quiero estar con mi familia, con las personas importantes en mi vida, por favor discúlpame con los invitados, pero no pienso ir, adiós, y gracias por comprender y por todo tu esfuerzo.
Cancelar fiesta, "listo".


Punto 2: Hablar a mis papás para pasar el día con ellos.


—Hola mamá,
—Hola, Víctor, feliz cumpleaños, déjame le hablo a tu papá, te quiere cantar Las Mañanitas. Te iba a marcar para felicitarte y ver si hay tiempo para irte a dejar tu regalo.
—Mamá, siempre habrá tiempo para hablar cuando ustedes quieran, acabo de cancelar la fiesta de hoy en la noche, quiero estar con ustedes, con mis hermanos y mis sobrinos todo el día, que nos reunamos a recordar los buenos tiempos y a planear lo que viene, quiero estar con ustedes.
—¿Te sientes bien hijo?, ¿y tu fiesta?, ¿tus invitados? No te sientas mal por nosotros, si quieres mañana nos vemos …
—Me siento mejor que nunca, solo dame oportunidad de invitar a unos buenos amigos, quiero estar con mi familia y con la gente que me quiere y yo también quiero.
—¿Entonces no vas a tener la fiesta?

—No, mamá, quiero estar con ustedes, llego a tu casa a desayunar, en una hora, nada más me baño. Hagamos lo que ustedes quieran, por favor avísale a mis hermanos. Chao.

Punto 2: reagendar con mis papás y mis hermanos, listo. Punto 3, "Hablar con Eugenia", éste me va costar trabajo.

—Eugenia, buenos días, yo …
—Víctor, me ganaste la llamada, muchísimas felicidades amigo, que Dios te colme de bendiciones, salud, prosperidad y éxitos. Que estés súper apapachado por tu familia hoy y siempre. Que te la pases súper, un abrazo, discúlpame anoche dormí muy mal, pero quería que no te enojaras porque no voy a poder ir a tu fiesta, sabes que ando muy ocupada con los preparativos, ya ves que me voy a casar, pero muchas felicidades, ¿qué se siente tener treinta y nueve?
—Escuché tu mensaje anoche ¿Por qué te vas a casar?
—Pues, es simple, siento que ya es momento, no debe tardar en llegarte la invitación.
—No creo que pueda, discúlpame, es que ese día tengo ya traigo algo agendado, un compromiso, fuera del país.
—¿Ah sí? Pero ni siquiera te he dicho cuándo es mi boda, ni dónde, en estos momentos estoy pasando una etapa maravillosa como mujer, dado que él es el hombre de mis sueños, cada que puede me regala cosas y me hace muy feliz esos detalles.

—Me da gusto, sin embargo, para mí va a ser muy difícil, pero bueno, felicidades. No te hablaba para eso, quería ver si me puedes pasar el teléfono de tu asesor financiero, Rafael, me interesa ver estrategias, informarme y tomar cartas en el asunto para ver mejorar mi futuro y no perder más tiempo.
—Sí, claro, te paso el contacto en un momento. ¿Tienes mucha prisa?
—Algo, me acabo de dar cuenta de que en un momento se puede perder lo que uno quiere o lo que uno es y, bueno siempre es importante estar preparado, no quiero seguir perdiendo el tiempo, como te perdí a ti.

Se hace un largo silencio.


—Discúlpame, Víctor, no te escuché lo último, ¿me lo puedes repetir?, solo escuché algo del tiempo perdido.
—Sí, que no quiero seguir perdiendo el tiempo, como te perdí a ti
—Víctor, pero a mí no me has perdido, siempre seguiremos siendo amigos. Mira, tú vete a tu fiesta, pásatela bien, va estar muy padre y bueno, luego hablamos, tengo que irme por que ando corre y corre con un montón de pendientes, piensa lo de mi boda, habrá un lugar siempre para ti, te tengo que dejar, adiós.
—Hablamos pronto, amiga.
—Hasta pronto Víctor, hablamos pronto.

Pues al parecer no fue del todo un sueño, ella es feliz y merece serlo, sé que estará con alguien que sabrá realizar su sueño, pero no soportaría verla vestida de novia, Adiós Eugenia. Pocos minutos después me llega el contacto, Rafael Román.

Punto 4: "Hablar con asesor".

—Rafael, buenos días,
—Bueno, a tus órdenes, ¿quién habla?
—Qué tal, soy Víctor Guzman, amigo de Eugenia. Estoy muy apenado contigo, te colgué el teléfono y quisiera ver si podemos reunirnos a que me platiques el portafolios de productos que tienes. Me interesa cambiar mis hábitos de ahorro, ¿me puedes explicar todo el asunto de las pensiones?, quisiera que me ayudaras. No quiero ser un aguacate.
—Claro que sí, como te comenté, soy experto en pensiones, ¿puedes el martes de la siguiente semana?
—Sí, estoy disponible a las 5 de la tarde, te espero en mi oficina, ¿te parece?
—Claro que sí, solo mándame la ubicación, y con gusto te apoyo, solo me quedó duda lo del aguacate ahí sí no sé cómo ayudarte.
—No te preocupes, yo me entiendo, muchas gracias.

Colgué el teléfono y marqué en mi lista el cuarto punto.

Punto 5: Baudilio.

Me contesta una voz de niño, en el teléfono que el ingeniero Baudilio me compartió.

—Hola.
—Hola amigo, disculpa ¿ahí vive el ingeniero Baudilio?
—Sí, pero mi abuelito no está, salió temprano porque estamos juntando dinero para comprar un nuevo videojuego para que juguemos él y yo. ¿Quién le habla?
—Habla Cometín. Pero no te preocupes, se dónde encontrarlo, adiós.

Me arreglo para ir al supermercado y me encuentro con Yolanda.

—Estas seguro que quieres cancelar
—Más que seguro
—Bueno, pues feliz cumpleaños.
—Gracias por todo Yolanda, cierra la puerta al salir y discúlpame con los invitados, disfruten la fiesta.

Me dirigí al supermercado, voy a la caja 9, para encontrarme a mi amigo y maestro

—Baudilio,
—Cometín. ¿Qué haces aquí?
—Baudilio, "Cierren las puertas, que tiemblen los autoservicios".

Esta día invité a Baudilio a comer, fue su último día en el supermercado, desde esa fecha hasta hoy, trabaja como consultor en mi empresa, asiste no más de diez horas a la semana, pero su experiencia le aporta muchísimo a la empresa, se encarga de aconsejarnos, diseñar y probar las nuevas aplicaciones.

Nos da su opinión sobre la usabilidad, también nos ayuda impartiendo capacitaciones por lo que jamas volvió a empacar en los autoservicios.

Estoy convencido de que las personas adultas mayores dan mucho valor con su experiencia porque nos dan una visión distinta, son grandes maestros gracias a su experiencia.

# Epílogo:

Han pasado varios años desde aquel día de pesadillas, fantasmas y visiones, Baudilio y mi papá ya no están con nosotros, han trascendido de la mejor manera, rodeados de cariño, hoy viven cada día en mis recuerdos.

Una oxidada lonchera donde guardo algunas fotografías me los recuerdan, se fueron el mismo año, con par de meses de diferencia, mi vida cambió.

La partida de ambos me hizo entender más el significado de la vida, me volví más cercano y regrese a vivir con mi mamá, ahora que se quedó sin su compañía, entre los dos nos acordamos de muchas historias.

También estoy en varios grupos de amigos, no todo en la vida es trabajo. Empecé a entrenar la escucha, ya casi no hablo de mí, me gusta más aprender de otras personas.

Después de su boda, Eugenia, llamaba de vez en cuando, pero dejó de hacerlo; era natural, ya no iba a ser igual. La semana pasada la vi a lo lejos con una pequeña niña, no mayor a seis años. Tenía algo de chocolate en sus pequeños cachetes, debe debe ser mal de familia. Inquieta y festiva, se soltó y corrió por aquel gran espacio, mientras Eugenia la perseguía. Luego se encontraron con su esposo, él le sonreía.

La vida no me dio la oportunidad de estar a su lado, esa fue la última gran oportunidad que desperdicié y la única de la que me arrepiento. Sin embargo, no estoy triste, ya no estoy solo, tengo a mi mamá, que me acompaña; a mis sobrinos, a quienes consiento; a mis hermanos, a los que adoro y con los que en ocasiones peleo y, bueno, aunque no tengo pareja, no descarto formalizar una relación. Escribir nuevas historias de vida con alguien a mi lado.

# Nota del autor

La intensión de este cuento es que pienses en tu futuro, eres el protagonista de tu historia y la jubilación es un final para el cual debes estar trabajando desde hoy.

Decide qué tipo de adulto mayor serás en algunos años, la situación económica no será mejor que ahora, no habrá pensiones como las conocemos. Las nuevas tecnologías y la robotización desaparecerá muchos de los trabajos que sabemos hacer, habrá menores oportunidades, con esto llegarán enfermedades y, por más duro que trabajes, entrarás en competencia con las nuevas generaciones.

La jubilación no está en manos del Seguro social, las empresas o el gobierno. Nadie más que tú debe hacerse cargo de cómo quieres vivir el mañana, estás a tiempo de ser el arquitecto de tu futuro. Depende de ti y de las decisiones que tomes.

Por lo pronto, te comparto tres anexos que te ayudarán a planear estratégicamente tu futuro económico:

- Las 12 cosas más importantes que debes saber sobre las pensiones,
- 10 pasos para crear una estrategia para tu pensión,
- 8 esquemas de inversión, y
- 10 consejos para ahorrar pensando en tu vejez.

# Anexo 1: Las 12 cosas más importantes que debes saber sobre las pensiones

1   El primer requisito que debes cubrir es ser trabajador 
o haber estado afiliado al Instituto del Seguro Social 
Mexicano (IMSS).

2   El segundo requisito: cumplir con un mínimo de 
semanas trabajadas que establece como requisito el 
plan de pensiones.

3   Existen dos esquemas de pensión. La modalidad 73 y 
la 97.

4   La modalidad 73: aplica si comenzaste a cotizar antes 
del 1º de julio de 1997. Debes tener mínimo 500 
semanas cotizadas. Dependiendo de la edad en la que 
te pensiones, te otorgarán un porcentaje de la pensión 
que te correspondería si esperaras hasta los 65 años 
de edad. Pensión vitalicia topada hasta 25 salarios 
mínimos basado en el promedio de los últimos 5 años 
cotizados. Recibes aguinaldo.

5   La modalidad 97: aplica si comenzaste a cotizar a 
partir del 1 de julio de 1997. Debes cubrir mínimo 
1250 semanas cotizadas. Tener entre 60 y 64 años en 
caso de pensión por cesantía. Tener 65 años en caso 
de pensión por vejez. En el caso de retiro 
programado, la pensión se garantiza solo mientras 
dure el monto (no de por vida). No recibes aguinaldo. 
Se calcula año con año de acuerdo al monto. En el 
caso de renta vitalicia, la pensión se garantiza de por 
vida.

6   Puedes consultar la información sobre el número de 
semanas cotizadas en la página  https://
serviciosdigitales.imss.gob.mx/semanascotizadas-
web/usuarios/IngresoAsegurado

7   Para cualquier trámite, debes tener a la mano tu 
número de Seguro Social (NSS), CURP y correo 
electrónico

8   Al momento de elegir tu Afore debes tomar en cuenta 
tres criterios.

9  Criterio 1:  <u>Mayor rendimiento que te dé a ganar:</u> El Rendimiento Neto se refiere a la resta simple del rendimiento bruto que otorga la AFORE menos la comisión que cobra. Es un indicador que permite comparar a las AFORE entre sí.

10  Criterio 2:  Menor comisión que cobre: es el monto que cobra la AFORE por manejo de los recursos.

11  Criterio 3:  Mejor evaluación de servicio: Cada año se publican los resultados de calidad de las distintas AFORES.

12  ¿Aún tienes preguntas? Te recomiendo algunas páginas de consulta:
Rendimiento:  https://www.gob.mx/consar/articulos/indicador-de-rendimiento-neto
Comisiones: https://www.gob.mx/consar/es/articulos/comisiones-vigentes-en-2020?idiom=es
Calidad:  https://www.gob.mx/consar/articulos/mas-afore-medidor-de-atributos-y-servicios?idiom=es

# Anexo 2: 10 Pasos para crear una estrategia para tu pensión

1 Aceptar que la responsabilidad de la pensión es solo tuya.

2 Consultar bajo qué régimen te corresponde pensionarte. Recuerda que hay dos modalidades: 73 y 97.

3 Consulta cuántas semanas tienes cotizadas.

4 Consultar en qué afores se encuentran tus recursos.

5 Monitorea el monto que tienes ahorrado.

6 Juega con los números: haz cuentas sobre tu expectativa de vida y el monto. Para qué te alcanza.

7 Comienza a ahorrar en tu afore, destinando un pequeño porcentaje de tus ingresos, según tu edad:

| Edad | Mínimo |
| --- | --- |
| 21 a 30 | 7% |
| 31 a 40 | 10% |
| 41 a 50 | 13% |
| 50 a 60 | 15% |

8 Consultar constantemente el saldo, estar al pendiente de las noticias.

9 Administra tus ingresos de manera inteligente.

10 Utiliza las herramientas existentes: http://www.consar.gob.mx/gobmx/Aplicativo/calculadora/imss/CalculadoraIMSS.aspx

# Anexo 3: 8 esquemas básicos de inversión

**Seguro de vida          Riesgo: 0          Utilidad: 10**

El seguro de vida busca garantizar la protección de las personas que el asegurado tiene a su cargo. En caso del fallecimiento de éste, sus beneficiarios o herederos acceden a una indemnización. Esta indemnización se denomina capital asegurado y puede ser pagada en una única vez o a modo de renta financiera.

**Banco          Riesgo: 1          Utilidad: 1**

El concepto de banca tiene varios usos. Uno de ellos refiere al conjunto de los bancos y los banqueros. Se conoce como banca de inversión o banca de negocios a las entidades que se especializan en obtener dinero u otros recursos financieros para que las empresas privadas o los gobiernos puedan realizar inversiones.

**Afore          Riesgo: 2          Utilidad: 2**

Es una administradora de Fondos para el retiro es decir, una entidad financiera parecida a un banco, que se encarga de administrar tu fondo de ahorro.

**Inversión en Bolsa          Riesgo: 2          Utilidad: 4**

Los fondos indizados son los medios de inversión utilizados en su gran mayoría para igualar un estatus dentro del mercado, quiere decir que con esta herramienta se busca emparejar el mercado con una tendencia de inversión ya existente, en ningún momento se busca sobrepasar y ganarle a otra tendencia, sólo aspira a igualar marcas definidas del mercado.

**Bienes Raíces          Riesgo: 3     Utilidad: 6**

Se consideran inmuebles todos aquellos bienes considerados bienes raíces, por tener de común la circunstancia de estar íntimamente ligados al suelo, unidos de modo inseparable, física o jurídicamente al terreno, tales como las parcelas, urbanizadas o no, casas, naves industriales, es decir, las llamadas fincas, en definitiva, que son bienes imposibles de trasladar o separar del suelo sin ocasionarles daños, porque forman parte del terreno o están anclados a él.

**Acciones          Riesgo: 5     Utilidad: 5**

Se comprende por Acción de Bolsa; "a la división del capital social en partes iguales, donde cada una de ellas brinda un derecho de participación o reparto a su poseedor o accionista, quien recibirá en caso de liquidación de la empresa, una parte proporcional del patrimonio que la compone".

**Moneda electrónica     Riesgo: 7     Utilidad: 5**

Las criptomonedas o criptodivisas son monedas virtuales que utilizan un cifrado digital para sus operaciones, y con las que se pueden realizar transacciones económicas sin necesidad de intermediarios. Estas monedas digitales utilizan la criptografía para crear economías más seguras, con una mayor privacidad y que no responden al control de ningún país o institución, ya que se encuentran totalmente descentralizadas.

**Apuestas          Riesgo: 10     Utilidad: 10**

El apostar pequeñas cantidades de dinero en sorteos oficiales o establecidos ayuda a que con muchísima suerte puedas lograr hacerte de un patrimonio.

# Anexo 4: 10 consejos para ahorrar pensando en tu vejez

1. Sé responsable. Lo que hoy te sobra, mañana te puede hacer falta.

2. Calcula cuánto dinero se ocupa para una vejez digna y cuánto tiempo te falta para llegar a esa etapa.

3. Cuida tu salud, come saludable y mantén hábitos de ejercicio. En la vejez, los servicios médicos están entre los gastos más fuertes.

4. Administra tus cuentas. Si no debes pagar recargos, multas e intereses moratorios, ahorrarás dinero.

5. Adquiere o mantén al menos un seguro, de todos los que existen en el mercado, muchas familias pierden su patrimonio por imprevistos.

6. Controla tus ingresos y egresos. No gastes lo que no tienes.

7. Conoce sobre AFORES. Una de las búsquedas más comunes en google es "Cómo retirar dinero de mi Afore", lo que equivale a quitar recursos para tu vejez.

8. Estudia distintas formas de ahorrar dinero. Compara precios, recorta gastos hormiga, salidas y gustos. Utiliza ofertas en tus gastos recurrentes, suprime las compras por impulso.

9. Consigue un ingreso extra y ahórralo en un fondo perdido.

10. Revisa la relación entre tus gastos y tus diversiones.

Este libro se terminó de imprimir

en el mes de marzo de 2020 en Lebrí Editorial,

en la Ciudad de México.

El cuidado de la edición estuvo

a cargo de 323 Libros.